AF229266

L'K
384

LE

MAIRE D'ARDES,

A

M. CHARMENSAT.

LE MAIRE D'ARDES, A M. CHARMENSAT.

Tour fier d'avoir été maire d'Ardes à une époque où les chefs de l'État repoussaient quiconque sentait battre son cœur aux mots de patrie et liberté, vous avez pensé, Monsieur, dans votre modestie, que vos faits et gestes intéresseraient beaucoup et vos contemporains et la postérité. En conséquence, vous avez mûrement écrit votre éloge, intitulé *Précis de mon administration ;* et ce précis, flanqué de pièces justificatives, n'a rien moins que 104 grandes pages, le double de l'éloge de Sully, le triple de l'éloge de Marc-Aurèle.

A vous permis. Vous pouviez, tout à votre aise, vanter le stoïcisme de l'ex‑maire, M. Charmensat, faire valoir les consultations gratuites de M. l'avocat Charmensat, vous attendrir en pensant *à la piété du zèle louable* de M. Charmensat, raconter longuement de quelle héroïque manière M. Charmensat en avait remontré aux tribunaux, aux préfets et même au conseil d'état, vous louer comme un grand homme, vous enfumer des vapeurs de votre propre encensoir : on se fût contenté d'en rire.

Mais, tout en faisant son panégyrique, le grand homme a voulu jouer le rôle de Bazile. Outré de ce que vos compatriotes, après avoir subi quatorze ans votre pouvoir, avaient brusquement marché à gauche, tandis que vous vous obstiniez à les traîner à droite, vous avez déchargé sur eux votre colère. Pour leur prouver votre affection, vous avez accumulé calomnie sur calomnie, empoisonnant les faits les plus simples, dénaturant les actes les plus innocens, vous acharnant sur l'élite de la cité, diffamant avec délices tous ceux que vous aviez comprimés sous votre mesquin despotisme, ou désolés par d'interminables procès.

Une de ces calomnies est tombée sur moi. Vous m'accusez de vous avoir dénoncé. Lorsqu'il fut permis aux citoyens de faire entendre leurs vœux, quarante des plus notables habitans de la ville d'Ardes, le capitaine de la garde nationale, le lieutenant, deux notaires, un adjoint du maire, plusieurs électeurs, déléguèrent dix d'entr'eux, avec une pétition signée de tous, pour obtenir le changement de leur maire ; ils l'accusaient de mal administrer, d'avoir laissé inachevée pendant dix ans une fontaine qui avait déjà coûté 15,000 francs, d'avoir laissé tomber une église en ruines, d'avoir négligé les pavés, détruit la seule promenade de la ville, et surtout d'avoir consumé les revenus de la commune en procès. C'est là ce que vous appelez une dénonciation, une dénonciation calomnieuse.

Voyons s'il y a calomnie; je m'occuperai plus tard de la dénonciation. Cette marche est celle que vous avez suivie.

L'ancien maire d'Ardes ose soutenir en face de ses concitoyens, qu'il a bien administré.

« Admirez tout ce que j'ai fait, dit-il : par mes soins a été reconstruit le pont *de la Pierre*, le seul qui communique avec la Limagne. »

Mais il se trouve que le pont du *Maux-Pas* communique seul avec la Limagne, et qu'au lieu d'y conduire, le pont de la Pierre n'aboutit qu'à la propriété de M. Charmensat.

Que n'ai-je pas fait pour les chemins vicinaux, dites-vous encore ? Oh ! sans doute, vous avez beaucoup fait : d'abord, lorsque M. de Castellane a sollicité des allocations dans ce but, vous vous êtes déclaré en hostilité contre lui ; ensuite, pendant trois ans, vous avez laissé sans l'utiliser, entre les mains de M. Flat, une somme assez considérable destinée à réparer les chemins vicinaux. Enfin, vous avez tant et tant fait qu'*un chef d'atelier fut établi dans la commune, reçut de l'autorité supérieure l'ordre d'aller vite, de ne s'occuper que des mauvais pas, de ne tenir aucun compte de tout ordre contraire,* et M. Charmensat *refusa son concours, et se tint en dehors de l'opération.* Voilà ce qu'il a fait ; c'est lui-même qui, dans son mémoire (page 9), a la honte de l'attester.

C'était aussi un philantrope que M. Charmensat ; il a fondé des écoles mutuelles, et relevé un hospice. Il est vrai que dans les écoles il n'y avait pas beaucoup d'économie, que l'éducation d'un enfant élevé gratuitement y coûtait à la commune 42 francs par année, c'est-à-dire, cinq ou six fois trop (1).

Il est vrai aussi que les administrateurs de l'hospice, livrés à eux-mêmes pendant quatre années, sans que le maire daignât se rendre à leurs réunions, réduits d'ailleurs à un budget de 400 fr., se bornaient à faire distribuer des secours à domicile, des médicamens aux malades, du linge aux femmes en couches, des mets convenables aux convalescens, et les pauvres les bénissaient : ils ne pensaient pas que pour eux on pût faire davantage. Oh !

____

(1) Dans les écoles primaires bien tenues, l'instruction d'un enfant coûte 7 ou 8 fr. par an.

comme vous les avez bien détrompés. Vous avez réparé des bâtimens, établi un infirmier, acheté des lits en fer, en un mot, créé un hospice. Mais, par malheur, on a ainsi absorbé tous les revenus; pendant bien des années, les malades ont été sans secours, et maintenant l'hospice est sans malade; car, dans une petite ville, la misère rougit aisément : pour qu'elle reçoive un bienfait, il faut qu'il soit recouvert d'un voile. Monsieur Charmensat, n'auriez-vous donc jamais eu l'occasion de vous en apercevoir?

Après avoir rendu hommage à votre philantropie, faudra-t-il aussi louer votre fiscalité? Dirai-je comment vous vous vantez d'avoir établi un *droit de place*, qui existait avant votre administration? comment, sans avoir rendu encore aucun compte, vous exaltez à l'avance l'exactitude de votre comptabilité? comment vous avez poursuivi les comptables en retard avec tant d'intelligence et de régularité, que l'un d'eux nous oppose la prescription, en se fondant sur ce que vous avez laissé passer les délais sans remplir les formalités ordonnées par un arrêté?

Non, Monsieur, non; je ne veux pas détruire le trophée que vous vous êtes élevé; admirez-vous, exaltez-vous, battez des mains.

au récit de vos œuvres ; mais permettez-moi
d'examiner les autres points sur lesquels on
vous a calomnié.

Il en est un pour lequel je dois vous rendre
justice. On vous a accusé d'avoir négligé tous
les pavés ; c'est un tort : on devait avouer que
la rue qui conduit à votre demeure a toujours
été fort bien entretenue.

On a fait une faute encore en vous accusant
d'avoir laissé pourir d'énormes pièces de char-
pente achetées pour la toiture de l'église. A
vrai dire, ces bois, qui avaient été payés vingt-
cinq louis, ont été revendus seulement 71 f.,
tant ils étaient dégradés ; mais, comme vous
l'observez très-judicieusement, pour éviter
cette perte, il eût fallu les déplacer ; il en
aurait coûté cinq ou six francs : on a eu tort
de ne pas rendre justice à votre économie.

On devait convenir aussi que, pour rétablir l'église du couvent des Récollets, il fallait quelques précautions préalables, demander un plan à M. Ledru, et au lieu d'acheter
des matériaux aux portes d'Ardes où ils
abondent, plaider pour obtenir le droit d'en
prendre à Mercœur, où on ne peut en trouver
qu'à grands frais de démolition ; d'où on ne
peut les conduire faute de chemins pratica-
bles. Il est seulement fâcheux qu'en attendant

que le plan fût dressé, que le procès fût jugé, que la vieille prison d'état de Mercœur fût démolie, que les chemins fussent aplanis, on n'ait placé aucun étai, et que l'église se soit écroulée.

Parmi les faits sur lesquels on vous a attaqué, il en est un dont je n'ose parler sans un certain embarras. C'est de la fontaine qu'il s'agit. Vous avez raison ; après une dépense de quinze bons mille francs, on n'avait abouti qu'à remplir d'eau les caves du malheureux Gizard ; il fallait encore plaider, refaire la conduite, surmonter enfin des difficultés qui, pendant dix ans, furent insurmontables pour vous. Il faut bien que tout cela soit vrai, puisque vous l'imprimez. Comment donc m'y prendrai-je pour vous dire qu'en moins de six mois, tous ces obstacles ont été vaincus ; qu'aujourd'hui la fontaine n'est plus seulement un amas de pierres inutiles, placé de manière à obstruer la voie publique, et que les eaux y coulent à plein bord ? Ne soyez pas humilié, Monsieur Charmensat, de ce succès d'un novice ; il ne m'appartient pas d'en tirer vanité. Ce sont nos concitoyens qui ont tout fait ; c'est à leur zèle, à leur affection, à leurs tributs volontaires, que je dois ce triomphe : je n'ai d'autre mérite que d'avoir accepté ce qu'ils m'offraient.... ce qu'ils vous avaient inutilement offert.

Abordons maintenant ce qui vous a le plus blessé; ce sujet terrible auquel vous consacrez quarante grandes pages, *les procès*, ces procès poursuivis au nom de la commune, et qui ont absorbé ses revenus. Combien en avez-vous intentés? combien en avez-vous gagnés?

D'abord, vous avez plaidé contre M. Chandorat, que vous appelez *un sieur Chandorat*; celui que vous rabaissez ainsi, que vous traitez avec tant de dédain, était avocat, comme vous. Il combattait de bonne guerre; vous l'avez vaincu en employant contre lui, au nom de tous vos concitoyens, un de ces moyens qu'un avocat indique quelquefois et ne conseille jamais; une de ces prescriptions que l'honnête homme n'invoque pas sans se couvrir de honte; et c'est là le seul procès que vous ayez gagné.

Plus tard, vous avez attaqué, au nom de la commune, MM. Peydière, vos parens. Vous les acccusiez d'avoir empiété sur le chemin de Téron; vous obtîntes contre eux une décision administrative, et quoiqu'ils l'eussent attaquée devant le conseil d'état, vous l'envoyâtes exécuter par un huissier assisté de trois brigades de gendarmerie, tout aussi inutiles que le procès verbal qui fut dressé jour par jour, qui fut rejeté au moment de la taxe, et dont vous fîtes supporter les frais au misérable huissier coupable de s'être conformé à vos ordres.

Cette affaire est brillante, sans doute; vous y avez déployé avec faste votre toute puissance. Mais, Monsieur, eussiez-vous traité vos parens avec aussi peu d'égard, si le chemin n'avait pas conduit à vos propriétés? C'est de l'héroïsme, dites-vous! Ne serait-ce pas plutôt un sordide égoïsme? Comment se fait-il que ce chemin élargi chez autrui, à grand renfort d'huissiers et de gendarmes, se resserre tout à coup, dès qu'il entre chez vous? N'y aurait-il pas eu plus d'héroïsme à faire justice de vous-même. Au lieu de cela, vous avez été le premier usurpateur, et vous n'avez pas craint d'engager la commune dans un procès pendant encore devant le conseil d'état, et que MM. Peydière ne pourront perdre sans que vous soyez condamné vous-même.

Autre procès à propos des pâtis de Mercœur. Le bois de Mercœur appartenait à l'état. M. Charmensat prétend qu'en le vendant, le domaine a compris dans l'adjudication une propriété communale de la ville d'Ardes. Je le crois, et, si alors j'eusse été maire, je me serais occupé de constater les droits de la commune, bien certain que le domaine ne pouvait les lui enlever. Au lieu de cela, on a agité des questions de forme devant le conseil de préfecture et le conseil d'état; puis on est revenu devant les tribunaux, qui n'ont encore rien décidé; on a discuté sur l'obscurité de telle ou telle affiche, sur l'influence de telle ou telle inscription mise, après coup, sur un plan; enfin, on a compliqué une question de propriété, d'une question d'abus de confiance et de falsification d'acte. Étrange manière d'éclairer les affaires. Au milieu de tout ce qui a été écrit sur ce long procès, triste héritage que vous m'avez transmis, je trouve pourtant quelques lignes fort claires; c'est à vous, Monsieur Charmensat, qu'elles sont adressées par vos antagonistes, les voici :

« Qu'est devenu le chemin vicinal qui sé-
» parait les deux pièces de terre que M. le
» maire tient du sieur J.-B. Boudet, par acte
» de vente reçue en 1813, Hardy, notaire?
» Qu'est devenu le communal de Thède,
» désigné dans les états de classement de la
» mairie, sous le n° 75 de la section G, con-

» tenant deux cartonnées, et avoisinant, à
» l'aspect du nord, la propriété précitée?
» Un spoliateur les a sans doute usurpées;
» mais, en vérité, ce n'est pas nous. »

Monsieur Charmensat, les habitans d'Ardes attendent encore une réponse à ces questions : la ferez-vous enfin?

J'aurais eu beaucoup à vous dire, à propos du procès que vous avez intenté à deux de nos plus notables concitoyens; mais l'épisode de votre libelle relatif à MM. Trioullier, vous a valu déjà une réponse un peu dure. Je peux donc être bref sur ce point. La maison Trioullier joignait la maison Nazary; cette dernière, vieille, dégradée, menaçait ruine et pouvait entraîner la première dans sa chute. On vous pressa de l'acheter, vous refusâtes; M. Trioullier fut alors contraint de l'acquérir, et vous en fîtes contre lui un sujet de reproches. Vous aviez voulu, sur l'emplacement de cette maison, ouvrir une rue qui dégageait votre porte. M. Trioullier offrit de subroger la ville à son lieu et place, vous refusâtes. Il commença les réparations en vertu d'un alignement donné par vous, vous les fîtes détruire; le préfet en ordonna le rétablissement. Après avoir voulu ouvrir la rue projetée sur l'emplacement Nazary, vous voulûtes la faire passer au beau milieu de la maison Trioullier. Après avoir voulu ouvrir cette rue sans rien payer, vous fîtes faire des offres à M. Trioullier. Vous prîtes des arrêtés, ils furent réformés par le préfet, qui pour mettre fin à vos entreprises fut obligé de vous en rendre civilement responsable. Plus tard, le conseil d'état anéantit tout ce que vous aviez fait ou fait faire, et vous renvoya devant les tribunaux pour demander ce que dès le principe on vous avait offert ; là, vous cherchâtes à faire revivre vos offres déjà anéanties ; la justice les repoussa, et maintenant, battu devant le conseil de préfecture, battu devant le conseil d'état, condamé par le tribunal d'Issoire, vous prétendez que le procès est gagné : c'est se contenter à peu de frais.

Après tant de tracasseries, j'ose à peine parler de celles que ma famille a subies. Au bord d'un chemin très-étroit, mon père était propriétaire d'un héritage clos de murs, et à l'angle duquel s'élevait, depuis plus de soixante ans, un petit pavillon ; une portion du mur donnant, non pas sur le chemin, mais sur la rue des Tanneries, s'écroula ; il le fit reconstruire sur les mêmes fondemens ; et vous vîtes là une usurpation, une contravention à l'arrêté réglant la largeur du chemin qui passait à un autre aspect. Il fit blan-

...chir son pavillon, en fit refaire le toit; ce
fut une autre usurpation. Ces faits si graves
servirent de texte à cinq ou six délibérations
de votre conseil, et pas une de ces délibérations ne porte un nombre suffisant de signatures. En vérité, de pareilles contestations
font pitié. Et vous osez vous vanter d'avoir
rendu des services à ma famille! Je viens de
faire connaître les seuls qu'elle ait reçus de
vous.

Vous n'avez laissé échapper, dans tout le
cours de votre administration, qu'une seule
occasion de procès. Des usurpations de com-
munaux avaient eu lieu; au lieu de suivre,
pour les faire cesser, la marche prescrite par
les arrêtés, vous les jugeâtes contraires à la
loi, et ne voulûtes pas les exécuter; il y avait
là quelque chose de libéral : mais bientôt
votre libéralisme, escorté de gendarmes, fit
saisir, enlever les récoltes; et vous en ordon-
nâtes la vente, de votre autorité privée, toutes
les fois que leurs propriétaires refusèrent de
se soumettre à vos taxes arbitraires.

Tels sont, Monsieur, les procès que vous
avez engagés au nom de la commune. A dé-
faut du fond qu'il ne me convenait pas d'examiner dans cet écrit, le public a pu juger
la forme; il sait aussi combien de fois vous

avez triomphé; mais eussiez-vous réussi aussi souvent que vous avez succombé, croyez-vous que le succès eût été une excuse? Non, Monsieur; le maire réduit à plaider sans cesse est nécessairement un mauvais administrateur. Sa prudence doit prévenir les procès, son ascendant les terminer; et s'il est obligé de recourir aux tribunaux, c'est qu'il a perdu toute influence sur ses administrés, et que ses administrés n'ont plus de confiance en sa justice.

J'ai passé en revue les accusations qui furent portées contre vous. On peut savoir maintenant si c'était de justes plaintes ou des calomnies. Je regrette d'avoir été forcé d'entrer dans ces détails; je me suis efforcé d'être bref, il me reste cependant à expliquer les circonstances dans lesquelles vous avez été dénoncé.

Un odieux attentat contre la liberté avait amené une héroïque résistance, vous la blâmâtes; elle réussit, le drapeau tricolore brilla de clocher en clocher; alors, en maire courageux, en libéral sincère, vous allâtes vous cacher. Il flottoit à Clermont, à Issoire, et la cocarde blanche de nos gendarmes avait été déchirée à Saint-Germain avant que vous eussiez osé vous montrer. Ce que vous ne faisiez pas, l'adjoint le fit. M. Trioullier père consigna les gendarmes, arbora l'étendard national, et, escorté de la nouvelle garde civique, publia la proclamation de Lafayette, que son fils avait rapportée de St-Germain. M. Monestier, que vous aviez chargé d'avoir du courage à votre place, vint tout à la fin de la cérémonie se placer parmi nous.

Vous prétendez qu'il fut alors question d'aller en armes chercher un ancien drapeau dans la maison d'un simple particulier. Il faut que la peur ait bien grossi les faits à vos yeux. On croyait connaître le détenteur du vieux drapeau de 1814, on lui députa son neveu pour le lui demander, voilà tout. Et quand on apprit que ce drapeau avait été déchiré autrefois dans un repas de cérémonie, qu'on s'en était partagé les morceaux, et que vous étiez un des convives, on n'en fut pas étonné. Mais enfin, Monsieur, si vous avez cru qu'on avait des projets pareils, où donc était votre poste? Quoi! l'on menaçait de violer un domicile, et le magistrat de la cité se cachait! Eh! Monsieur, nous ne vous avons jamais fait de plus sanglant reproche.

Lorsque vous vous décidâtes à vous montrer, ce fut pour entraver la formation de la garde nationale. Vous aviez promis à vos amis d'en arrêter l'organisation ; jusqu'au 15 août vous tîntes votre promesse. Vous attribuez ce retard aux ambitions qui se disputaient les grades. Pourquoi ne pas avouer, au contraire, que nous avions reconnu que les grades appartenaient de droit aux anciens militaires, et que pour mon compte je refusai tout autre titre que celui de soldat.

Vous prétendez qu'alors, dans un accès de colère, j'allai bouleverser les meubles du corps-de-garde. Eh ! Monsieur, pour tout mobilier, il renfermait un vieux lit de camp. A qui ferez-vous croire que je fus assez fou pour aller décharger ma colère sur un meuble délabré ? Pourrez-vous indiquer un seul témoin de cet acte de délire ?

Ce reproche n'est que ridicule : plus loin, vous m'imputez un fait odieux ; vous dites : « Le 22 au matin, le sieur Maillargue fils se rendit chez moi ; il me proposa d'exclure de la garde nationale, qui ?... des membres de sa propre famille. » Oh ! comme vous êtes bien un digne élève de dom Bazile ; vous rappelez-vous certaine lettre si adroitement employée par lui ? vous n'avez pas été moins habile.

Le 22 août, je vins vous annoncer, en présence de MM. Mathieu et Joseph Peydière, que M. Peydière fils, nommé lieutenant de la garde nationale d'Augnat, ne pouvait plus figurer sur nos cadres; je vous fis part de la lettre suivante, que par bonheur j'ai conservée :

Clermont, ce 12 août.

MON CHER AMI,

A mon arrivée à Ternant, j'ai trouvé une lettre du maire de Clermont, qui m'annonce que j'ai été porté d'office sur le tableau de la garde nationale de Clermont, lieu du domicile de mon père, et par conséquent le mien. Il ne me reste donc qu'à te remercier de la bonne volonté que tu m'avais témoignée, ainsi que Bellident, pour me faire porter sur le tableau d'Ardes. Sois persuadé que je n'en suis pas moins reconnaissant, et crois à la sincère amitié avec laquelle je suis

Ton sincère ami et parent,
Signé J. DE CONDAT.

Voilà mon crime. Le lecteur maintenant peut juger entre vous et moi : ce fait suffira pour lui donner la mesure de votre véracité.

Le 22 août, enfin, vous vous décidâtes à ceindre l'écharpe tricolore et à célébrer une fête nationale ; mais vous osâtes y inviter presqu'exclusivement les partisans du gou-vernement déchu. Qu'arriva-t-il ? vous fûtes

presque seul. Loin de votre faible cortége se
réunit l'immense majorité de vos concitoyens,
et pour vous venger de ce délaissement, vous
les calomniez, en plaçant dans leur bouche
des cris séditieux. Vous seul les avez enten-
dus.

Le même jour vous tentâtes encore de
désorganiser la garde nationale : cette ma-
nœuvre fut déjouée.

Devions-nous supporter plus long-temps
de pareilles intrigues, souffrir encore ces ten-
tatives de division et de désordre ? Non. Le
moment était venu où, pour conserver la
tranquillité de la cité, il fallait en finir avec
M. Charmensat : alors fut rédigée la pétition
dont il se plaint. Un grand nombre de citoyens
influens, d'hommes honorables, y apposèrent
leur signature. Deux la retirèrent plus tard ;
ils le devaient peut-être, car ils sont parens
de M. Charmensat, et pouvaient se récuser,
comme l'avaient fait quelques autres. La pétition fut présentée à la sous - préfecture le
4 septembre, par dix des signataires, au nombre desquels était M. Trioullier fils, qui,
suivant M. Charmensat, avait été mis à l'écart.

Cependant une lettre du 25 septembre,
écrite par le préfet aux communes qui n'a-
vaient pas encore de garde nationale, fournit

à M. Charmensat un prétexte pour chercher encore à désorganiser celle d'Ardes. Une vive discussion s'engagea. Pour la terminer, vous vous élançâtes sur une table, en criant : Qui est pour moi, passe à ma droite. A ces mots, je sortis : tous les assistans me suivirent, et vous restâtes seul avec cinq conseillers municipaux.

A cet incident M. Charmensat rattache deux accusations odieuses : il prétend que, dans le cours de la discussion, j'adressai à mon père de grossières injures. Ma réponse doit se borner à un démenti bien formel ; mais cette circonstance me rappelle un fait assez curieux : on raconte qu'un fils avait reçu en cadeau de son père un superbe pâturage ; que le hasard ou un reste d'habitude y conduisit les moutons du donateur, et que le nouveau propriétaire se hâta de faire dresser procès verbal. On ajoute aussi que le vieux père, tout infirme, tout paralytique, s'arma pourtant d'une fourche, et, monté sur un char, vint se faire rendre justice. M. Charmensat ne connaîtrait-il point le père outragé ? Son front d'airain ne s'abaisserait-il pas si je nommais ce fils ?

Enfin, après avoir dit que la garde nationale s'était séparée de vous en tumulte, vous ajoutez :

« Cependant l'effervescence augmente :
» dois-je continuer?.....Non, ma plume se
» refuserait à retracer les détails d'une hor-
» rible proposition.....Je devais en être la
» victime.... Puisse-t-elle, pour l'honneur
» de celui qui fut assez cruel pour en conce-
» voir la pensée, être oubliée dans le pays
» où elle ne fut accueillie que par un cri
» d'effroi. »

Au nom de l'honneur, s'il vous en reste encore, expliquez-vous, Monsieur Charmensat.
Que signifient ces réticences ? Quelle fut
cette proposition? Qui la fit? Calomniez, si
vous voulez; mais que ce soit assez claire-
ment pour qu'on sache à quoi répondre.
*Vous deviez être victime... cette proposition
inspira de l'horreur, de l'effroi.* A vous lire, on
croirait que votre vie fut menacée, qu'il
s'agissait d'assassinat; c'est sur tous vos concitoyens que vous faites peser cette odieuse
accusation. Et c'est vous qui osez prononcer
ce mot d'assassinat! Oubliez-vous que des accusations d'assassinat ne furent adressées à
Ardes qu'à un seul individu, membre d'une
famille qu'on ne peut nommer sans prononcer votre nom.

Cependant l'isolement dans lequel vous
vous trouviez, la pétition dont vous aviez

connaissance vous avaient effrayé. Vous cherchâtes à opposer une pétition contraire ; vous
quêtâtes des signatures sans pouvoir en obtenir ; il fallut se résigner. Vous espériez cependant que le sous-préfet vous communi-
querait les plaintes portées contre vous par
vos anciens administrés, et parce qu'il ne le
fit point, vous déclarez que dès ce moment
il ne vous inspira aucune confiance : cela se
conçoit. Maurice Girot est l'homme de son
pays ; ses concitoyens le chérissent, tous l'es-
timent ; et les acclamations du peuple l'ont
désigné au pouvoir qu'il représente. A tous
ces titres, au lieu de votre confiance vous lui
devez votre haine. Qu'y a-t-il de commun
entre lui et vous? Pourrez-vous jamais, sans
rougir, comparer votre carrière à la sienne?

Il fit son devoir en transmettant au préfet
la pétition d'Ardes ; vous allâtes trouver ce
magistrat le 2 octobre ; il vous lut les accusations qui lui étaient adressées, écouta votre
justification, puis jugea...... Le 4 octobre
vous étiez révoqué.

Vous teniez beaucoup cependant à ce que
cette révocation ne fût pas notifiée ; vous vou-
liez gagner du temps ; je dirai bientôt dans
quel but. Pour y parvenir, vous promîtes de
donner votre démission. Un de vos proches

parens écrivit au sous-préfet dans ce but : il réussit ; on différa. Vous n'avez pas rempli votre promesse.

Enfin, Monsieur, il fallut en finir avec vous : vous fûtes destitué. Vous aviez conservé la prétention de désigner votre successeur ; vous indiquiez pour cela un homme prôné par vous, comme ayant des opinions politiques non équivoques, et présentant toutes les qualités désirables de fortune et de moralité. Vous lui rendiez en cela les éloges que jadis il vous avait donnés, où, pour mieux dire, prêtés, et, comme il convenait, vous les rendiez avec usure. Mais on ne vous crut pas bon juge en cette matière ; votre candidat fut repoussé : on me choisit pour votre successeur.

Vous me confirmez, par votre mémoire, dans la croyance où j'étais que M. Girot et un de ses amis contribuèrent à cette désignation. Je l'avouerai sans peine, je suis fier de leur suffrage. Je me félicite de ce que ma nomination a réuni leur assentiment et celui de mes concitoyens.

J'acceptai le mandat qui m'avait été confié ; je l'acceptai avec fierté, parce que ma magistrature populaire n'émanait pas uniquement du pouvoir ; je l'acceptai sans crainte de vous déplaire, à vous qui vous vantez d'avoir été notre bienfaiteur, sans nous avoir jamais rendu aucun service. Aujourd'hui nous serions humiliés d'en avoir reçu de vous ; nous préférons vos calomnies.

Les dernières pages de votre mémoire sont consacrées à l'examen des premiers actes de mon administration.

Vous prétendez que ma nomination a décidé le commandant de la garde nationale à donner sa démission. Ne l'avez-vous donc pas vu commander long-temps après, le jour de la St-Philippe?

Usant de la plus insigne mauvaise foi, vous écrivez :

« Que fait le sieur Maillargues? installé le
» 7 novembre, le 8 des ouvriers travaillent
» à la réfection du mur de clôture de son
» héritage donnant sur la rue des Tanneries.
» Comment construit-il? contrairement au
» procès verbal d'alignement. »

Et vous cherchez ainsi à faire oublier qu'installé le 8, je partis le 9 pour Paris ; à confondre entre mon père et moi, entre ses propriétés et les miennes ; à faire croire enfin que le mur a été construit contrairement à un procès verbal d'alignement, tandis qu'il n'en est rien.

Vous critiquez la composition du conseil municipal dont, suivant vous, les membres ne payent pas assez d'impositions, tandis qu'en prenant la moyenne proportionnelle, chacun en paye plus que vous qui, jusqu'en 1823, ne fûtes pas inscrit au rôle de la contribution personnelle, et qui, en 1827 encore, ne payâtes que 15 francs.

Mais vous vous gardez bien d'ajouter que, grâce au concours de nos concitoyens, j'ai pu, en six mois, terminer cette fontaine, que vous n'aviez pas achevée en dix ans ; réparer l'hôtel de la gendarmerie, la salle de la mairie, que vous aviez laissé dégrader ; rétablir une place publique ; enfin, remettre en état le chemin pour la réparation duquel vous aviez refusé votre coopération.

Enfin, quoi que vous en disiez, si je vous ai publiquement accusé, comme je le fais encore aujourd'hui, je n'ai, du moins, dénoncé personne. Or, vous, Monsieur l'homme de bien, tandis qu'on vous destituait en Auvergne, vous faisiez le libéral à Paris, afin d'obtenir la place du juge du paix d'Ardes, que vous aviez dénoncé ; c'est pour cela que vous cherchiez à gagner du temps, à suspendre votre révocation, en promettant de vous démettre, ce que vous ne faisiez jamais.

Et vous n'en étiez pas à votre apprentissage
en ce genre. Jadis, pour avoir résisté à votre
despotisme, vous dénonçâtes M. Sylvain Bellident. Son frère, vieux et brave militaire,
avait été soumis en 1815 à votre surveillance;
Ardes avait été transformé pour lui en une
prison dont vous étiez le guichetier. Vous
osâtes exiger qu'il vînt tous les mois chez
vous, faire constater sa présence. Une ab-
sence d'un mois, consacrée à étudier à Clermont les mathématiques, afin de se créer de
nouvelles ressources, fut signalée par vous
avec empressement, et cette dénonciation lui
fit perdre pendant plusieurs mois sa faible
demi-solde.

Monsieur Charmensat, voilà ce que vous
avez fait. Si vous n'aviez outragé que moi,
j'aurais pu garder le silence. Mais vous avez
diffamé vos plus notables concitoyens, calomnié votre patrie, que vous accusez de ne pouvoir supporter une bonne administration.
J'ai dû la justifier; mandataire de tous les habitans d'Ardes, j'ai dû vous répondre au nom
de tous; prouver qu'ils avaient raison contre
vous.

Maintenant, diffamez encore; déchirez,
calomniez, irritez-vous, indignez-vous, tré-
pignez de colère, rugissez de fureur; j'en ai

fini avec vous. Désormais il me sera permis de garder ce silence que commande le mépris, d'opposer l'indifférence à vos emportemens, à votre haine les suffrages de mes concitoyens, à vos calomnies la honte dont vous êtes couvert.

A. L. MAILLARGUES, *Maire.*

CLERMONT, IMPRIMERIE DE THIBAUD-LANDRIOT.